Impressum
Verlag: BABADADA GmbH, Nedderfeld 112 , 22529 Hamburg
Geschäftsführer / Verlagsleitung: Harald Hof
Druck: Books on Demand GmbH, In de Tarpen 42, 22848 Norderstedt

Imprint
Publisher: BABADADA GmbH, Nedderfeld 112 , 22529 Hamburg, Germany
Managing Director / Publishing direction: Harald Hof
Print: Books on Demand GmbH, In de Tarpen 42, 22848 Norderstedt

koulu

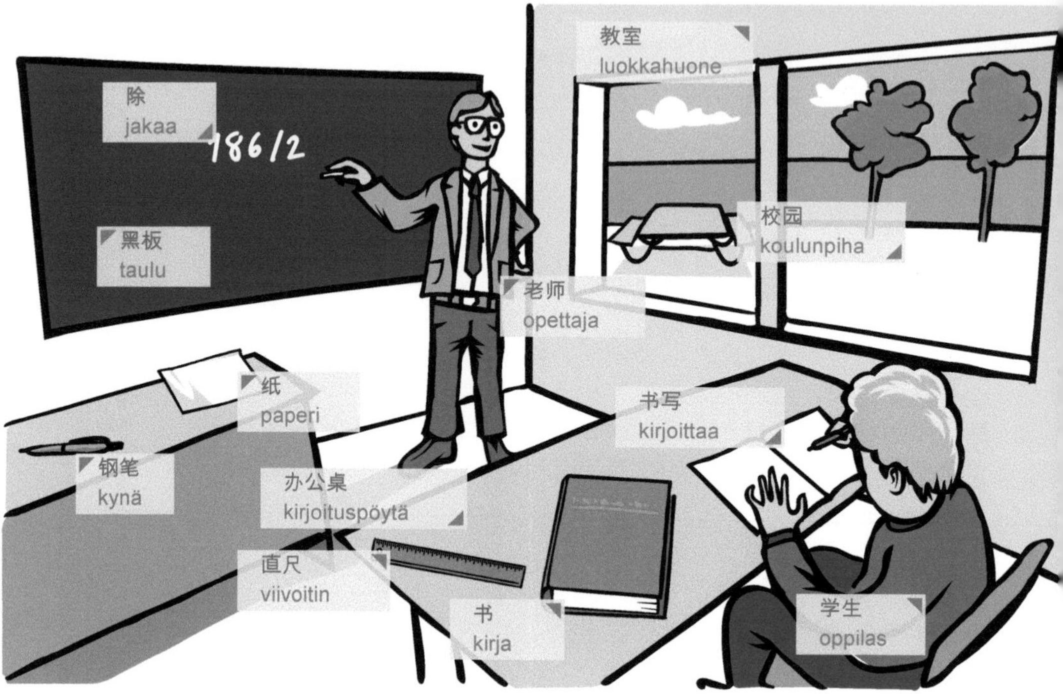

教室
luokkahuone
除
jakaa
186/2
黑板
taulu
校园
koulunpiha
老师
opettaja
纸
paperi
书写
kirjoittaa
钢笔
kynä
办公桌
kirjoituspöytä
直尺
viivoitin
书
kirja
学生
oppilas

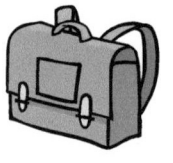

书包
reppu

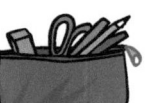

铅笔盒
penaali

铅笔
lyijykynä

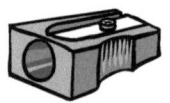

卷笔刀
kynänteroitin

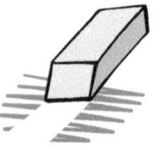

橡皮擦
pyyhekumi

画板
piirustuslehtiö

图画

piirustus

画笔

pensseli

颜料盒

vesivärit

剪刀

sakset

胶水

liima

练习册

harjoituskirja

家庭作业

kotitehtävä

12

数字

luku

2+2

加

lisätä

5-2

减

vähentää

2×2

乘

kertoa

计算

laskea

A

字母

kirjain

ABCDEFG
HIJKLMN
OPQRSTU
VWXYZ

字母表

aakkoset

字

sana

课文

teksti

读

lukea

粉笔

liitu

上课

oppitunti

登记

opettajan muistikirja

考试

koe

证书

todistus

校服

koulupuku

教育

koulutus

百科全书

sanakirja

大学

yliopisto

显微镜

mikroskooppi

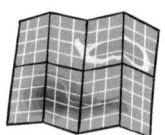

地图

kartta

废纸筐

roskakori

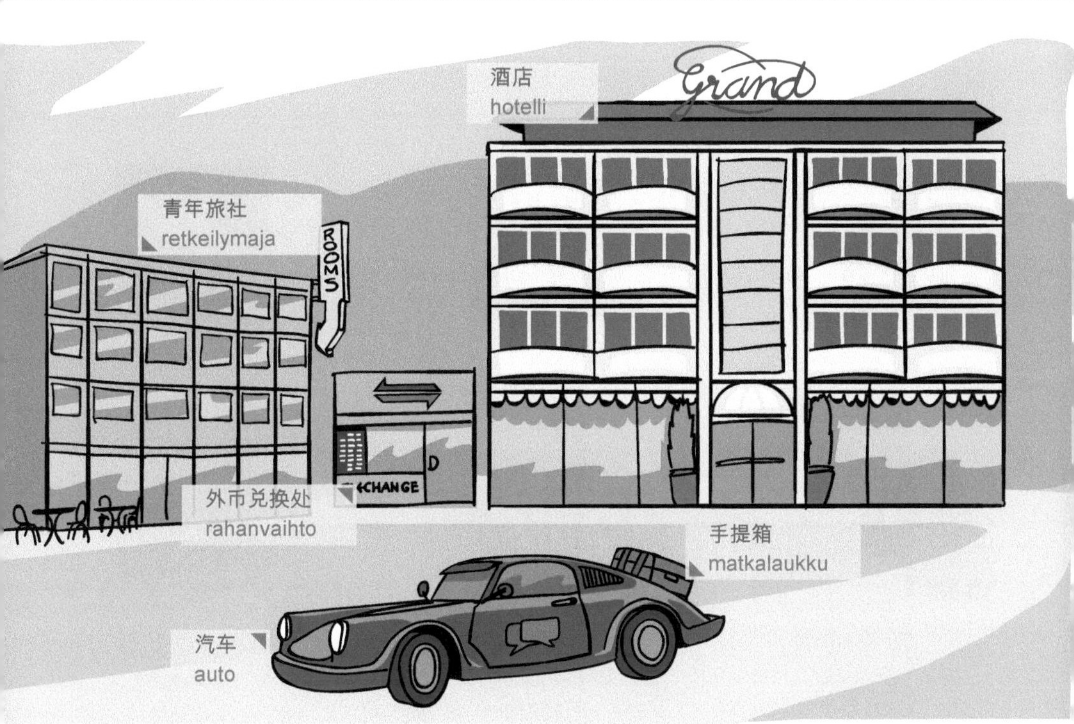

酒店
hotelli
Grand
青年旅社
retkeilymaja
ROOMS
外币兑换处
rahanvaihto
手提箱
matkalaukku
汽车
auto

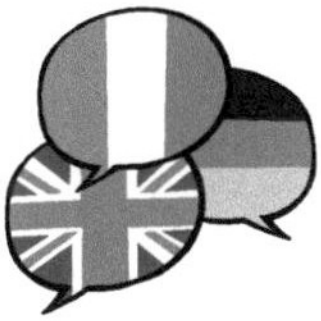

语言

kieli

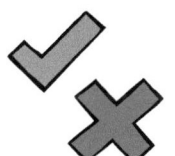

是/否

kyllä / ei

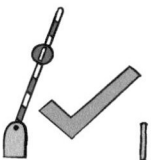

好的

selvä

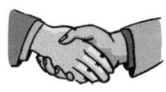

您好

hei

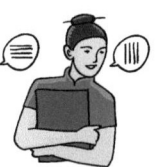

翻译员

tulkki

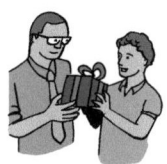

谢谢

kiitos

……多少钱？

Paljonko...maksaa?

我不明白

en ymmärrä

问题

ongelma

晚上好！

Hyvää iltaa!

早上好！

Hyvää huomenta!

晚安！

Hyvää yötä!

再见

näkemiin

方向

suunta

行李

matkatavarat

包

laukku

双肩包

reppu

客人

vieras

房间

huone

睡袋

makuupussi

帐篷

teltta

旅游信息

turisti-info

海滩

ranta

信用卡

luottokortti

早餐

aamupala

午餐

lounas

晚餐

päivällinen

票

matkalippu

电梯

hissi

邮票

postimerkki

边界

raja

海关

tulli

大使馆

suurlähetystö

签证

viisumi

护照

passi

kuljetus

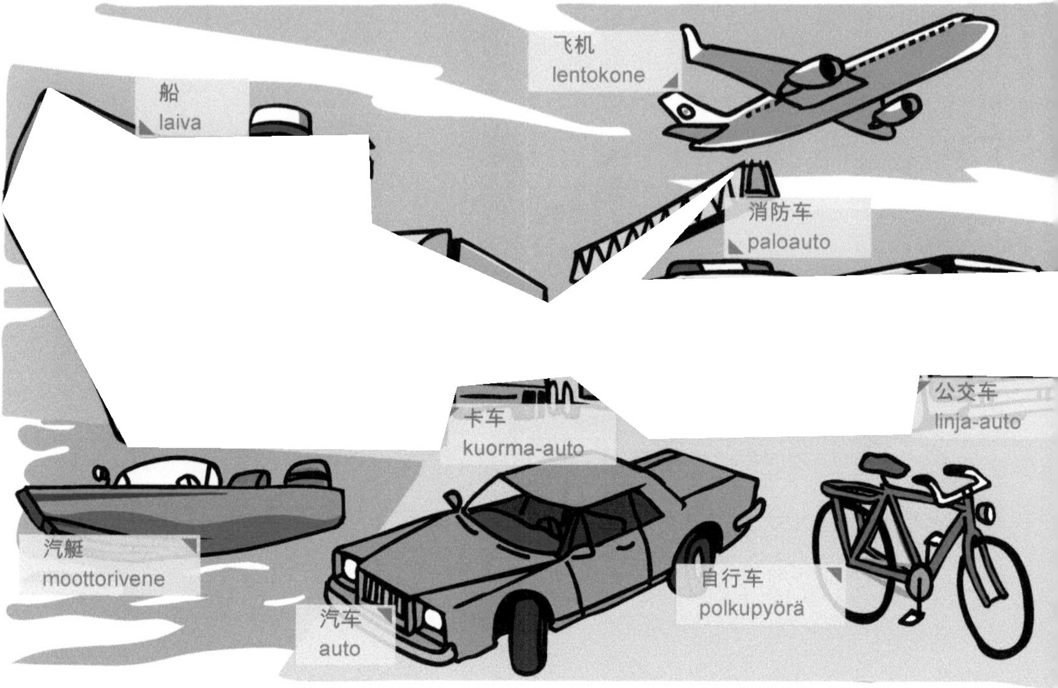
船
laiva
飞机
lentokone
消防车
paloauto
卡车
kuorma-auto
公交车
linja-auto
汽艇
moottorivene
汽车
auto
自行车
polkupyörä

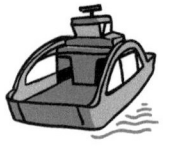

摆渡船

lautta

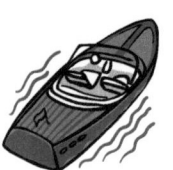

小船

vene

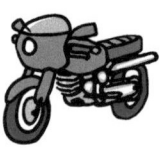

摩托车

moottoripyörä

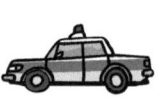

警车

poliisiauto

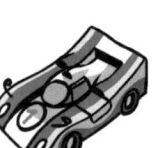

赛车

kilpa-auto

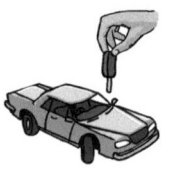

租车

vuokra-auto

拼车
car sharing

拖车
hinausauto

垃圾车
roska-auto

发动机
moottori

汽油
polttoaine

加油站
huoltoasema

交通标志
liikennemerkki

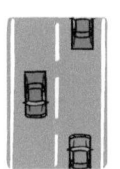

交通
liikenne

交通堵塞
ruuhka

停车场
parkkipaikka

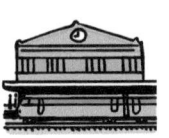

火车站
rautatieasema

轨道
raiteet

火车
juna

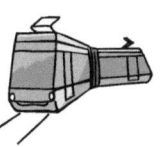

电车
raitiovaunu

货车
vaunu

直升机

helikopteri

机场

lentokenttä

塔

lähilennonjohto

乘客

matkustaja

集装箱

kontti

纸板箱

pahvilaatikko

手推车

kärryt

篮子

kori

起飞/降落

nousta / laskea

kaupunki

村庄

kylä

市中心

keskusta

房子

talo

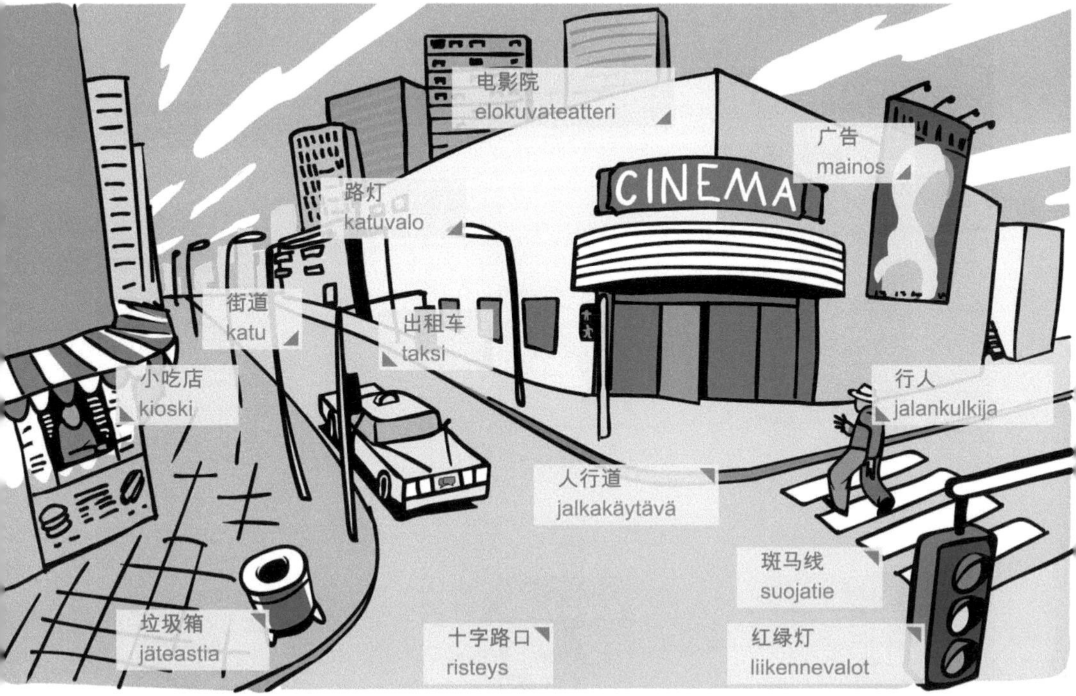
电影院
elokuvateatteri
CINEMA
广告
mainos
路灯
katuvalo
街道
katu
出租车
taksi
小吃店
kioski
行人
jalankulkija
人行道
jalkakäytävä
斑马线
suojatie
垃圾箱
jäteastia
十字路口
risteys
红绿灯
liikennevalot

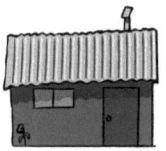

小屋
mökki

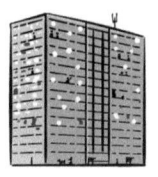

公寓
kerrostalo

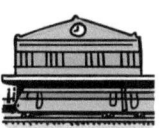

火车站
rautatieasema

市政厅
kaupungintalo

MUSEUM
博物馆
museo

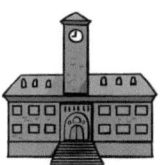

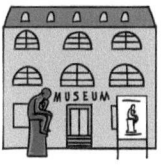

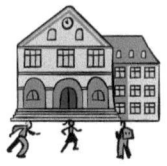

学校
koulu

大学

yliopisto

银行

pankki

医院

sairaala

酒店

hotelli

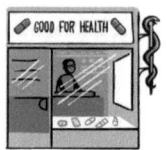

药房

apteekki

办公室

toimisto

书店

kirjakauppa

商店

liike

花店

kukkakauppa

超市

supermarketti

市场

tori

百货商店

tavaratalo

鱼店

kalakauppias

购物中心

ostoskeskus

海港

satama

公园

puisto

长凳

penkki

桥

silta

楼梯

portaat

地铁

metro

隧道

tunneli

公交车站

linja-autopysäkki

酒吧

baari

餐馆

ravintola

邮筒

postilaatikko

路标

katukyltti

停车计时器

parkkimittari

动物园

eläintarha

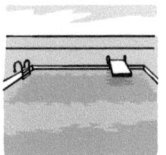

游泳馆

uimala

清真寺

moskeija

农场

maatila

污染

ympäristön saastuminen

墓地

hautausmaa

教堂

kirkko

操场

leikkikenttä

寺庙

temppeli

maisema

树叶
lehti

指示牌
tienviitta

路
tie

草地
niitty

石头
kivi

树
pu

徒步旅行者
retkeilijä

河
joki

草
ruoho

花
kukka

峡谷

laakso

山

vuori

湖

järvi

森林

metsä

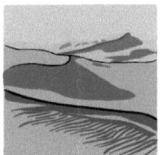

沙漠

aavikko

火山

tulivuori

城堡

linna

彩虹

sateenkaari

蘑菇

sieni

棕榈树

palmu

蚊子

hyttynen

苍蝇

kärpänen

蚂蚁

muurahainen

蜜蜂

mehiläinen

蜘蛛

hämähäkki

甲虫

kovakuoriainen

青蛙

sammakko

松鼠

orava

刺猬

siili

野兔

jänis

猫头鹰

pöllö

鸟

lintu

天鹅

joutsen

野猪

villisika

鹿

peura

麋鹿

hirvi

水坝

pato

风力发电机

tuulimylly

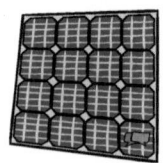

太阳能电池板

aurinkopaneeli

气候

ilmasto

服务员
tarjoilija

菜单
ruokalista

椅子
tuoli

汤
keitto

披萨饼
pitsa

餐具
ruokailuvälineet

桌布
pöytäliina

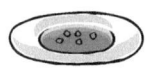

前菜
alkuruoka

主菜
pääruoka

甜点
jälkiruoka

饮料
juomat

食物
ruoka

瓶子
pullo

快餐

pikaruoka

街边小吃

katuruoka

茶壶

teekannu

糖盒

sokeriastia

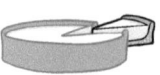

一份饭菜

annos

意式咖啡机

espressokeitin

高脚椅

syöttötuoli

账单

lasku

托盘

tarjotin

刀

veitsi

餐叉

haarukka

勺子

lusikka

茶匙

teelusikka

餐巾

servietti

玻璃杯

lasi

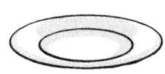

碟子

lautanen

汤盘

syvä lautanen

碟子

aluslautanen

酱

kastike

盐瓶

suolasirotin

胡椒磨

pippurimylly

醋

etikka

食用油

öljy

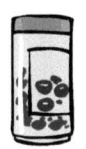

调味料

mausteet

番茄酱

ketsuppi

芥末

sinappi

蛋黄酱

majoneesi

supermarketti

特价
tarjous
FOR
顾客
asiakas
乳制品
maitotuotteet
水果
hedelmät
购物车
ostoskärryt

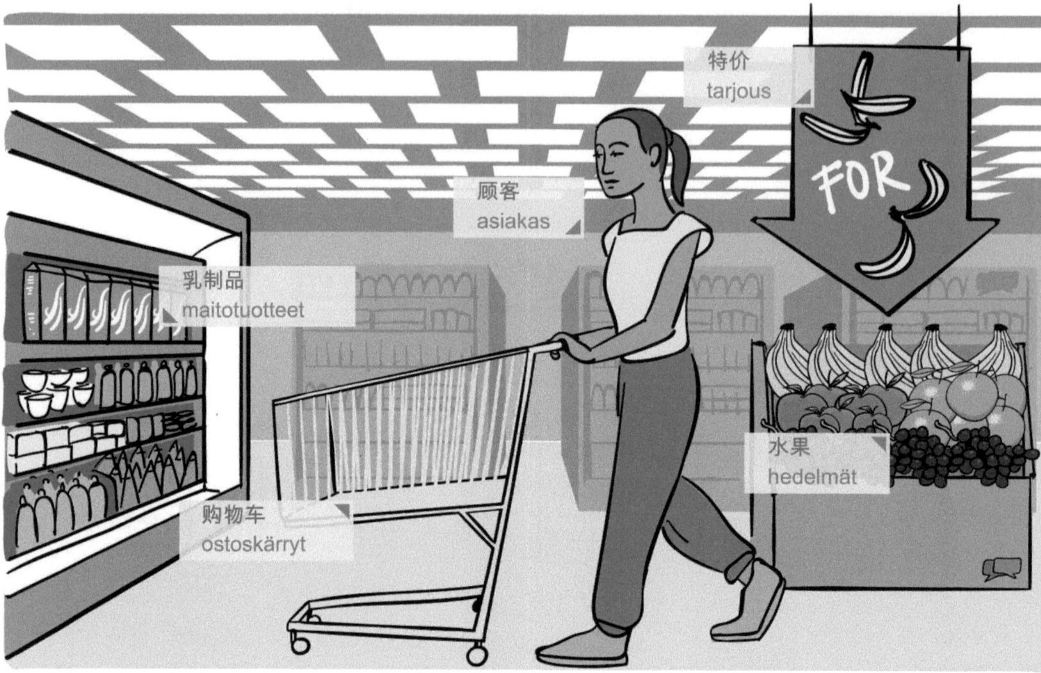

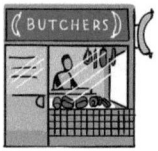

BUTCHERS

肉铺

teurastamo

BAKERY

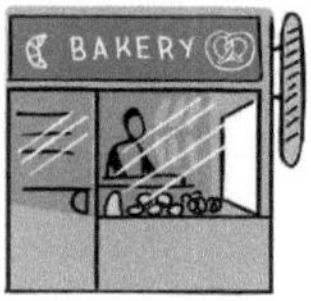

面包房

leipomo

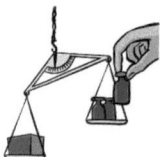

称重

punnita

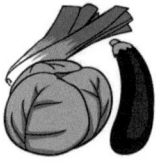

蔬菜

kasvikset

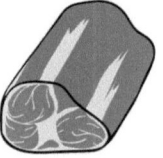

肉

liha

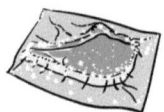

冷冻食品

pakasteet

冷盘

leikkele

罐头食品

säilykkeet

洗衣粉

pesujauhe

甜食

makeiset

日用品

kotitaloustarvikkeet

清洁用品

puhdistusaineet

销售员

myyjä

收银机

kassa

收银员

kassanhoitaja

购物清单

ostoslista

开放时间

aukioloajat

钱包

lompakko

信用卡

luottokortti

袋子

kassi

塑料袋

muovipussi

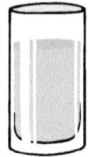

水
vesi

果汁
mehu

牛奶
maito

可乐
kokis

红酒
viini

啤酒
olut

酒
alkoholi

可可
kaakao

茶
tee

咖啡
kahvi

意式浓缩咖啡
espresso

卡布奇诺
cappuccino

香蕉

banaani

苹果

omena

橙子

appelsiini

西瓜

meloni

柠檬

sitruuna

胡萝卜

porkkana

大蒜

valkosipuli

竹子

bambu

洋葱

sipuli

蘑菇

sieni

坚果

pähkinät

面条

spagetti

意大利面条

spagetti

米饭

riisi

沙拉

salaatti

薯条

ranskalaiset

炸土豆

paistetut perunat

披萨饼

pitsa

汉堡包

hampurilainen

三明治

voileipä

炸猪排

leike

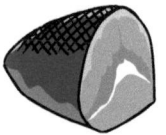

火腿

kinkku

萨拉米

salami

香肠

makkara

鸡肉

kana

烤肉

paisti

鱼

kala

燕麦片

kaurahiutaleet

穆兹利

mysli

玉米片

murot

面粉

jauho

羊角面包

voisarvi

面包卷

sämpylä

面包

leipä

烤面包

paahtoleipä

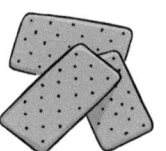

饼干

keksit

黄油

voi

凝乳

rahka

蛋糕

kakku

蛋

kananmuna

煎蛋

paistettu kananmuna

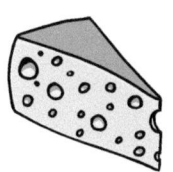

奶酪

juusto

冰激凌

jäätelö

糖

sokeri

蜂蜜

hunaja

果酱

hillo

巧克力酱

suklaapähkinälevite

咖喱饭

curry

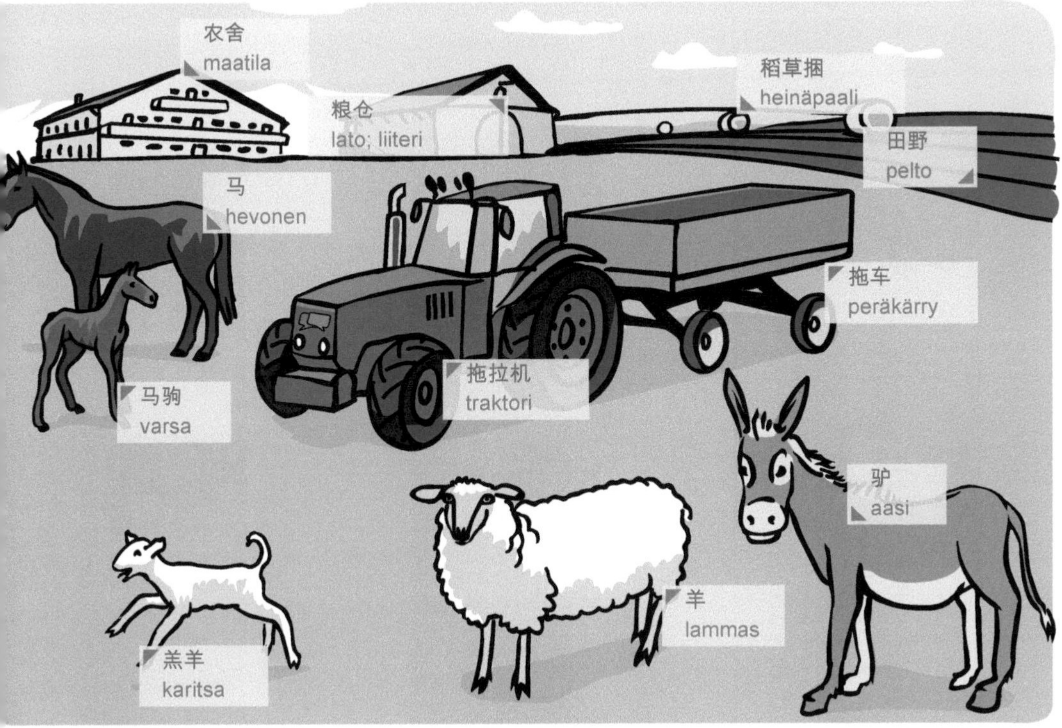

农舍
maatila

粮仓
lato; liiteri

稻草捆
heinäpaali

田野
pelto

马
hevonen

拖车
peräkärry

马驹
varsa

拖拉机
traktori

驴
aasi

羊
lammas

羔羊
karitsa

山羊
vuohi

奶牛
lehmä

牛犊
vasikka

猪
sika

小猪
porsas

公牛
sonni

鹅
hanhi

鸭
ankka

小鸡
tipu

母鸡
kana

公鸡
kukko

鼠
rotta

猫
kissa

老鼠
hiiri

牛
härkä

狗
koira

狗屋
koirankoppi

花园浇水软管
puutarhaletku

洒水壶
kastelukannu

长柄大镰刀
viikate

犁
aura

镰刀

sirppi

锄头

kuokka

长柄草耙

talikko

斧头

kirves

独轮手推车

kottikärryt

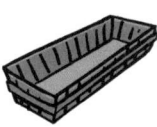

饲料槽

kaukalo

牛奶罐

maitokannu

麻布袋

säkki

栅栏

aita

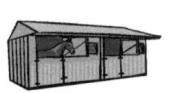

马厩

talli

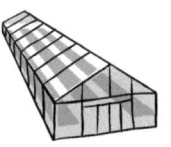

温室

kasvihuone

土壤

maa

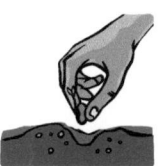

种子

siemen

肥料

lannoite

联合收割机

leikkuupuimuri

农场 - maatila

收割

kerätä sato

收割

sato

山药

jamssit

小麦

vehnä

大豆

soija

土豆

peruna

玉米

maissi

油菜籽

rypsi

果树

hedelmäpuu

树薯

maniokki

谷物

vilja

烟囱
savupiippu

屋顶
katto

落水管
sadevesikouru

窗户
ikkuna

门铃
ovikello

车库
autotalli

门
ovi

垃圾桶
roska-astia

信箱
postilaatikko

花园
puutarha

客厅
olohuone

浴室
kylpyhuone

厨房
keittiö

卧室
makuuhuone

儿童房
lastenhuone

餐厅
ruokahuone

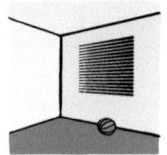

地板

lattia

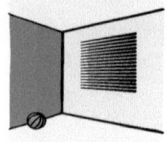

墙壁

seinä

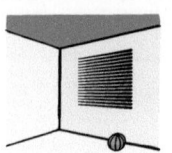

吊顶

katto

地窖

kellari

桑拿

sauna

阳台

parveke

露台

terassi

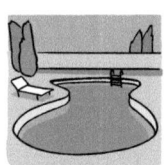

游泳池

uima-allas

割草机

ruohonleikkuri

被单

lakana

床罩

päiväpeitto

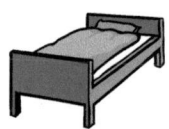

床

sänky

扫帚

harja

水桶

ämpäri

开关

katkaisin

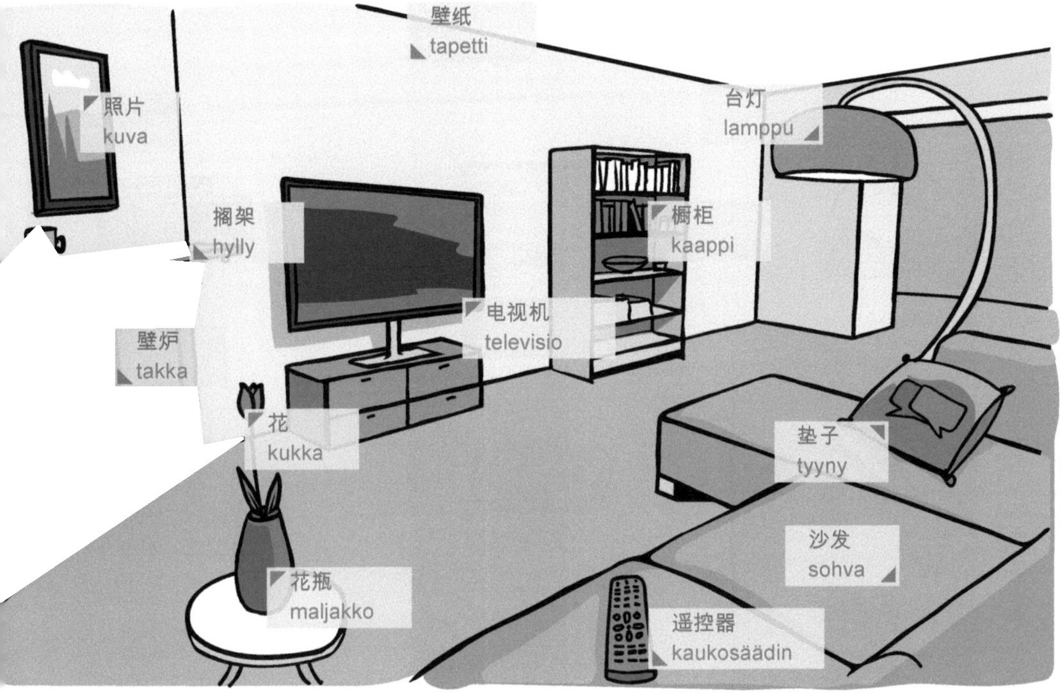

壁纸
tapetti

照片
kuva

台灯
lamppu

搁架
hylly

橱柜
kaappi

电视机
televisio

壁炉
takka

花
kukka

垫子
tyyny

沙发
sohva

花瓶
maljakko

遥控器
kaukosäädin

地毯
matto

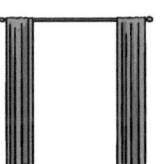

窗帘
verho

餐桌
pöytä

椅子
tuoli

摇椅
keinutuoli

扶手椅
nojatuoli

书
kirja

毯子
peitto

装饰品
koriste

木柴
polttopuut

电影
elokuva

高保真音响
stereot

钥匙
avain

报纸
sanomalehti

油画
maalaus

海报
juliste

收音机
radio

笔记本
muistivihko

吸尘器
pölynimuri

仙人掌
kaktus

蜡烛
kynttilä

冰箱
jääkaappi

微波炉
mikroaaltouuni

厨房秤
keittiövaaka

烤面包机
leivänpaahdin

洗洁精
pesuaine

烤箱
leivinuuni

冰柜
pakastinlokero

垃圾桶
roska-astia

洗碗机
astianpesukone

炊具
liesi

锅
kattila

铸铁锅
rautapata

炒锅
vokkipannu / kadai-pannu

平底锅
paistinpannu

水壶
teepannu

蒸锅

höyrykeitin

烤盘

uunipelti

陶瓷锅

astiat

马克杯

muki

碗

kulho

筷子

syömäpuikot

长柄勺

kauha

铲子

paistinlasta

搅拌器

vispilä

滤网

siivilä

筛子

siivilä

磨碎机

raastin

研钵

mortteli

烧烤

grilli

明火

avotuli

菜板

leikkuulauta

擀面杖

kaulin

开瓶器

korkinavaaja

罐子

purkki

开罐器

purkinavaaja

隔热手套

pannulappu

水槽

lavuaari

刷子

tiskiharja

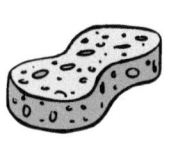

海绵

pesusieni

搅拌机

tehosekoitin

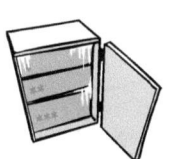

冷藏箱

pakastin

奶瓶

tuttipullo

水龙头

vesihana

kylpyhuone

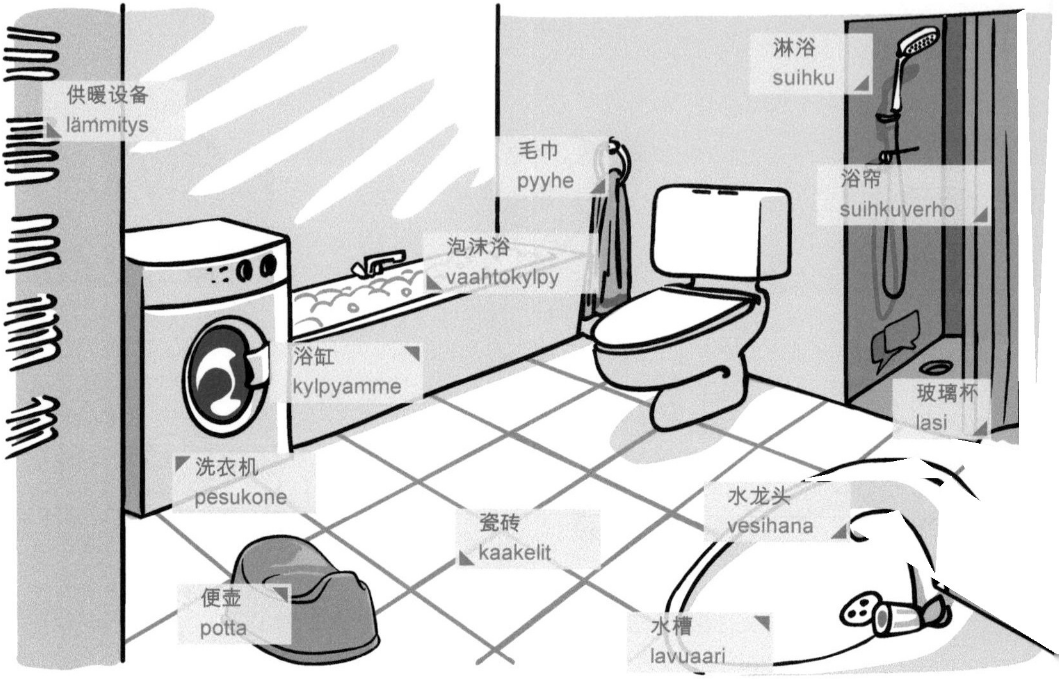

淋浴
suihku
供暖设备
lämmitys
毛巾
pyyhe
浴帘
suihkuverho
泡沫浴
vaahtokylpy
浴缸
kylpyamme
玻璃杯
lasi
洗衣机
pesukone
水龙头
vesihana
瓷砖
kaakelit
便壶
potta
水槽
lavuaari

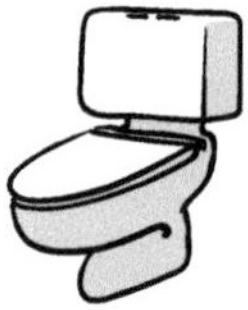

厕所

vessa

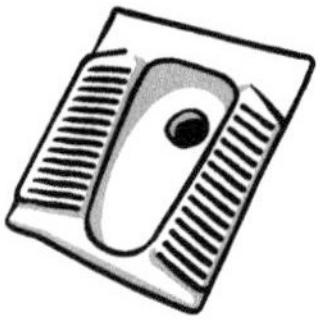

蹲便器

kyykkyvessa

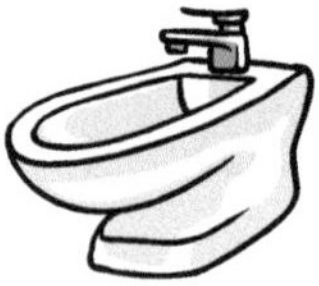

坐浴器

bidee

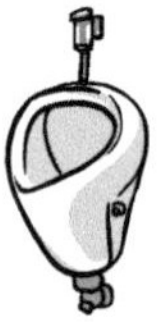

小便池

pisuaari

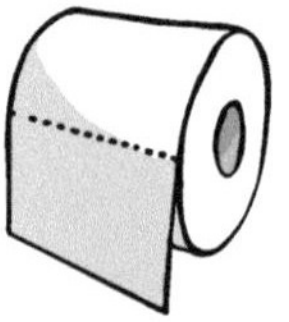

厕纸

vessapaperi

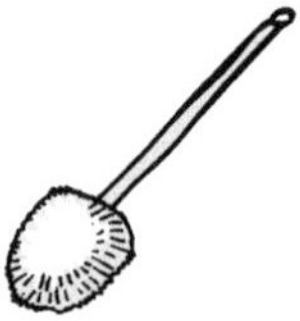

马桶刷

vessaharja

牙刷

hammasharja

牙膏

hammastahna

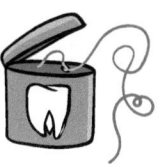

牙线

hammaslanka

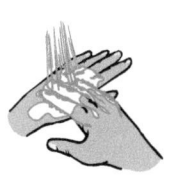

洗

pestä

手持式喷淋头

käsisuihku

冲洗器

intiimisuihku

洗脸盆

pesuvati

擦背刷

selkäharja

肥皂

saippua

沐浴露

suihkugeeli

洗发水

shampoo

法兰绒

pesulappu

排水

viemäri

乳霜

voide

除臭剂

deodorantti

镜子

peili

手镜

käsipeili

剃须刀

partaveitsi

剃须泡沫

partavaahto

须后水

partavesi

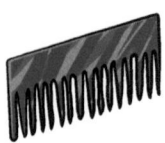

梳子

kampa

刷子

harja

吹风机

hiustenkuivaaja

喷发定型剂

hiuslakka

化妆品

meikki

唇膏

huulipuna

指甲油

kynsilakka

化妆棉

pumpuli

指甲剪

kynsisakset

香水

hajuvesi

洗漱包

kosmetiikkalaukku

凳子

jakkara

计重秤

vaaka

浴袍

kylpytakki

橡胶手套

kumihansikkaat

卫生棉条

tamponi

卫生巾

terveysside

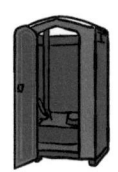

化学厕所

kemiallinen wc

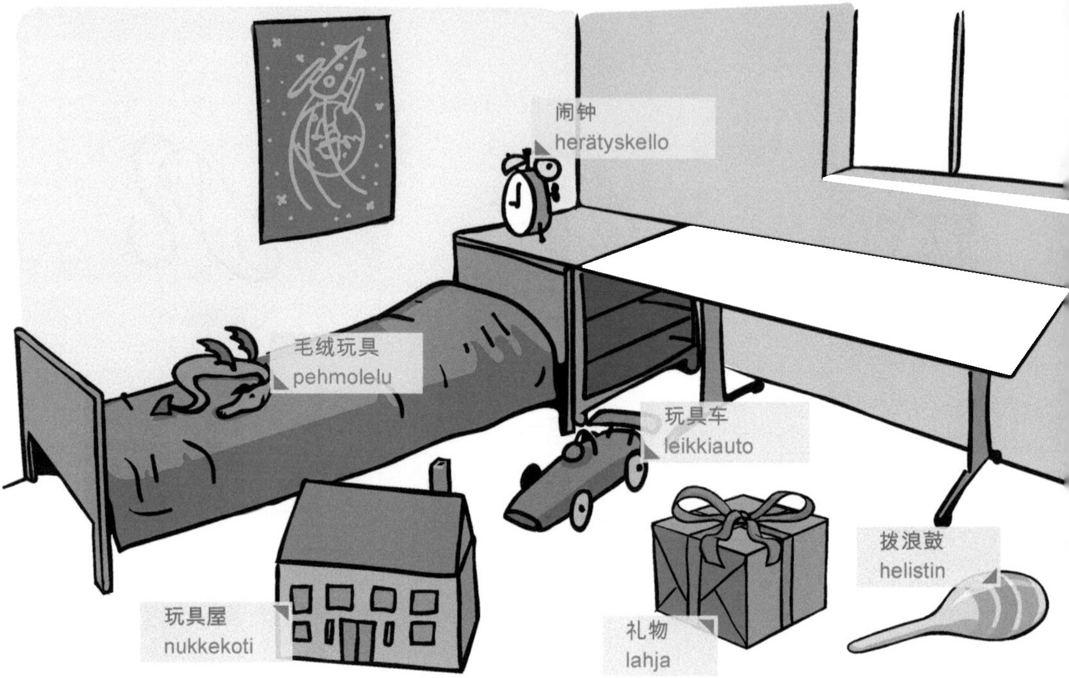

闹钟
herätyskello
毛绒玩具
pehmolelu
玩具车
leikkiauto
拨浪鼓
helistin
玩具屋
nukkekoti
礼物
lahja

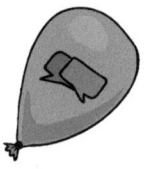

气球

ilmapallo

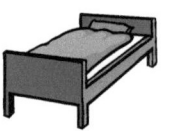

床

sänky

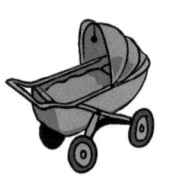

（洋娃娃用）婴儿车

lastenvaunut

扑克牌

korttipeli

拼图

palapeli

SUPER
MEGA

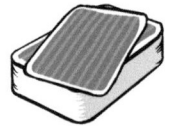

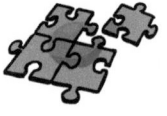

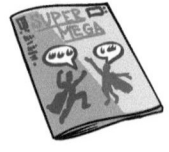

漫画

sarjakuva

乐高积木

legopalikat

积木玩具

rakennuspalikat

玩具人

supersankari

婴儿服

potkupuku

飞盘

frisbee

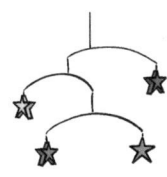

床铃玩具

mobile

棋盘游戏

lautapeli

骰子

noppa

火车模型

pienoisjunarata

安抚奶嘴

tutti

聚会

juhlat

绘本

kuvakirja

球

pallo

洋娃娃

nukke

玩

leikkiä

沙坑

hiekkalaatikko

秋千

keinu

玩具

lelut

游戏机

pelikonsoli

三轮车

kolmipyörä

泰迪熊

nalle

衣柜

vaatekaappi

vaatteet

袜子

sukat

长袜

nylonsukat

紧身裤

sukkahousut

围巾
kaulaliina

雨伞
sateenvarjo

皮带
vyö

T恤
t-paita

运动鞋
lenkkarit

靴子
saappaat

拖鞋
sisätossut

凉鞋
sandaalit

鞋
kengät

雨靴
kumisaappaat

内裤
alushousut

胸罩
rintaliivit

背心
aluspaita

身体
body

裤子
housut

牛仔裤
farkut

短裙
hame

女式衬衫
pusero

衬衫
paita

套头衫
villapaita

卫衣
collegepaita

西装夹克
jakku

夹克
takki

外套
takki

雨衣
sadetakki

套装
puku

连衣裙
mekko

婚纱
hääpuku

西装

puku

睡袍

yöpaita

睡衣

pyjama

莎丽

shari

头巾

päähuivi

包头巾

turbaani

波卡

burka

卡夫坦

kaftaani

(阿拉伯式)长袍长袍

abaya

泳衣

uimapuku

男式泳裤

uimahousut

短裤

shortsit

运动服

verkkarit

围裙

esiliina

手套

käsineet

纽扣

nappi

眼镜

silmälasit

手链

rannekoru

项链

kaulakoru

戒指

sormus

耳环

korvakoru

便帽

lippalakki

衣架

ripustin

帽子

hattu

领带

solmio

拉链

vetoketju

头盔

kypärä

背带

henkselit

校服

koulupuku

制服

univormu

围兜
ruokalappu

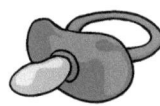

安抚奶嘴
tutti

尿不湿
vaippa

toimisto

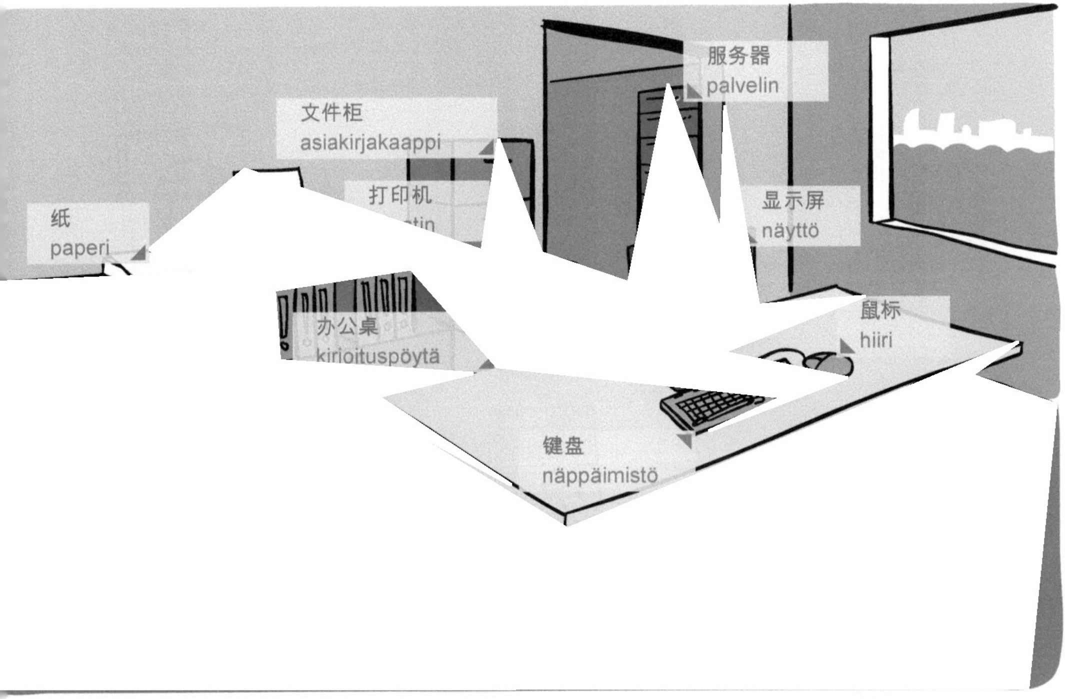

服务器
palvelin

文件柜
asiakirjakaappi

纸
paperi

打印机

显示屏
näyttö

办公桌
kirjoituspöytä

鼠标
hiiri

键盘
näppäimistö

咖啡杯
kahvimuki

计算器
taskulaskin

因特网
internet

办公室 - toimisto

笔记本电脑

kannettava tietokone

信件

kirje

消息

viesti

手机

kännykkä

网络

verkko

复印机

kopiokone

软件

ohjelmisto

电话

puhelin

插座

pistorasia

传真机

faksi

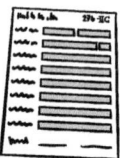

表格

lomake

文件

asiakirja

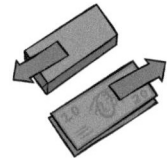

买
ostaa

付钱
maksaa

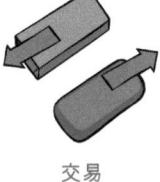

交易
vaihtaa

现金
raha

美元
dollari

欧元
euro

日元
jeni

卢布
rupla

瑞士法郎
frangi

人民币
renminbi juan

卢比
rupia

提款处
pankkiautomaatti

外币兑换处
rahanvaihto

金
kulta

银
hopea

石油
öljy

能源
energia

价格
hinta

合同
sopimus

税金
vero

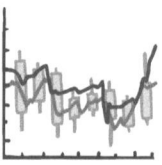

股票
osake

工作
työskennellä

职员
työntekijä

老板
työnantaja

工厂
tehdas

商店
liike

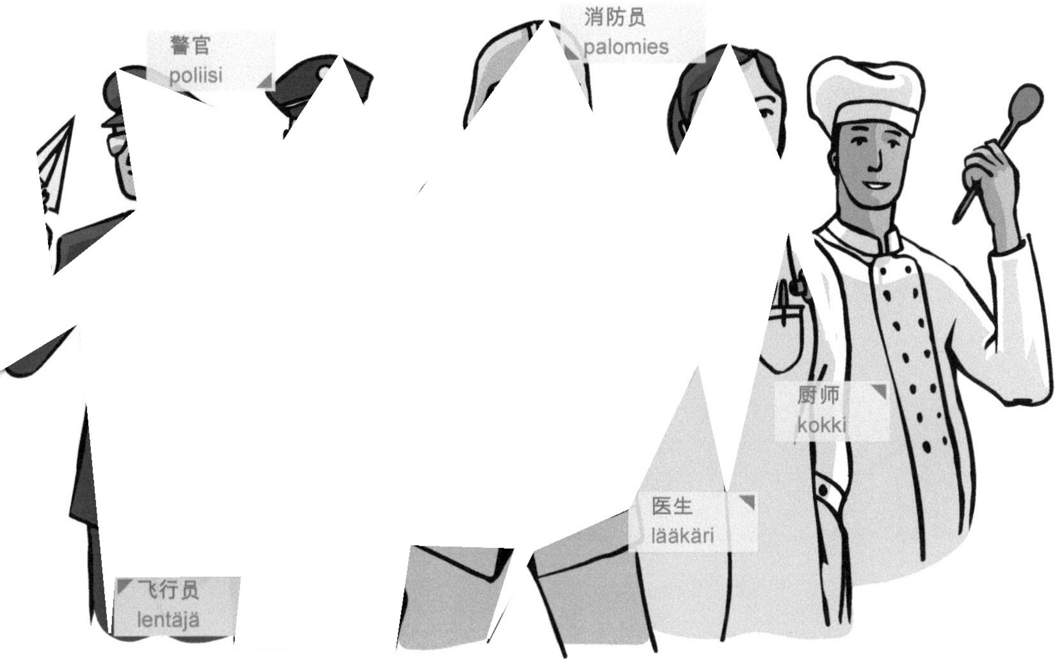

警官
poliisi

消防员
palomies

厨师
kokki

医生
lääkäri

飞行员
lentäjä

园丁
puutarhuri

木匠
puuseppä

裁缝
ompelija

法官
tuomari

化学家
kemisti

演员
näyttelijä

公交车司机

linja-autonkuljettaja

出租车司机

taksinkuljettaja

渔夫

kalastaja

清洁女工

siivooja

屋顶工

katontekijä

服务员

tarjoilija

猎人

metsästäjä

画家

maalari

面包师

leipuri

电工

sähköasentaja

建筑工人

rakentaja

工程师

insinööri

屠夫

teurastaja

水管工

putkiasentaja

邮递员

postinjakaja

士兵
sotilas

建筑师
arkkitehti

收银员
kassanhoitaja

花农
floristi

理发师
kampaaja

售票员
konduktööri

机械师
mekaanikko

船长
kapteeni

牙医
hammaslääkäri

科学家
tiedemies

拉比
rabbi

伊玛目
imaami

和尚
munkki

牧师
pappi

työkalut

铁锤
vasara
钳子
pihdit
螺丝刀
ruuvimeisseli
扳手
jakoavain
手电筒
taskulamppu

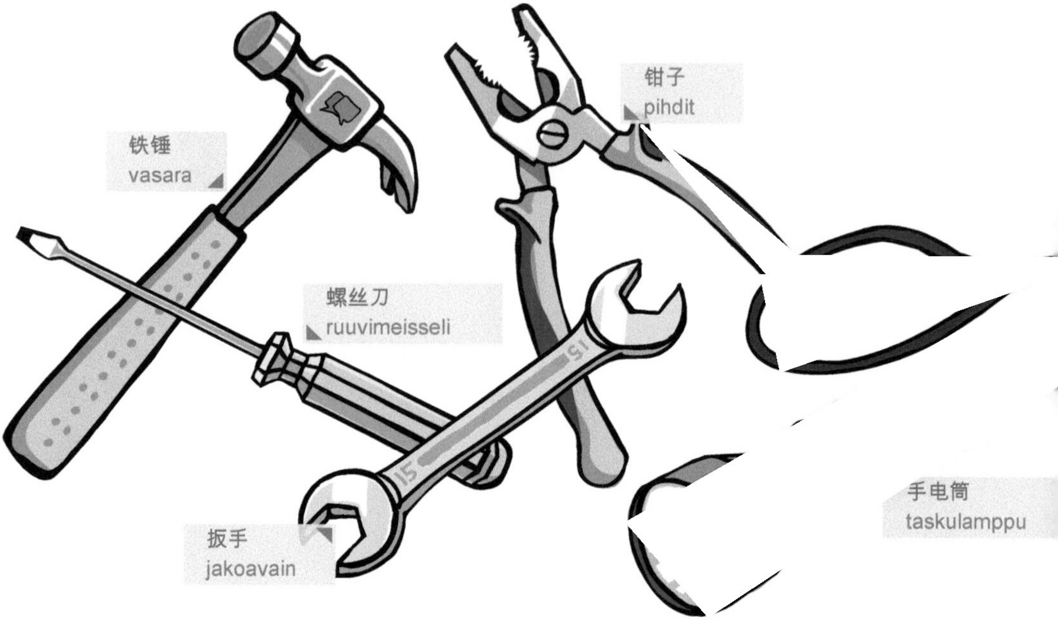

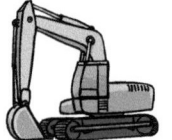

挖掘机
kaivinkone

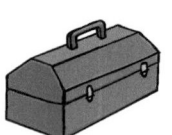

工具箱
työkalupakki

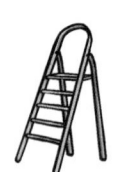

梯子
tikkaat

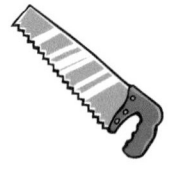

锯子
saha

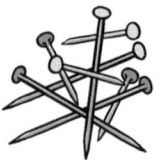

钉子
naulat

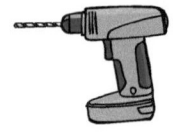

钻机
pora

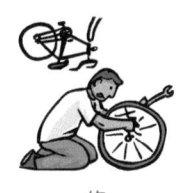

修

korjata

铲子

lapio

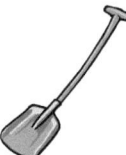

靠！

Hitto!

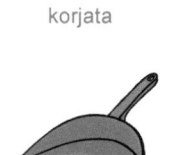

簸箕

rikkalapio

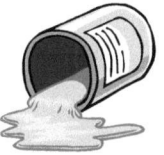

油漆桶

maalipurkki

螺丝

ruuvit

soittimet

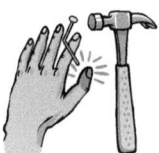

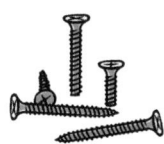

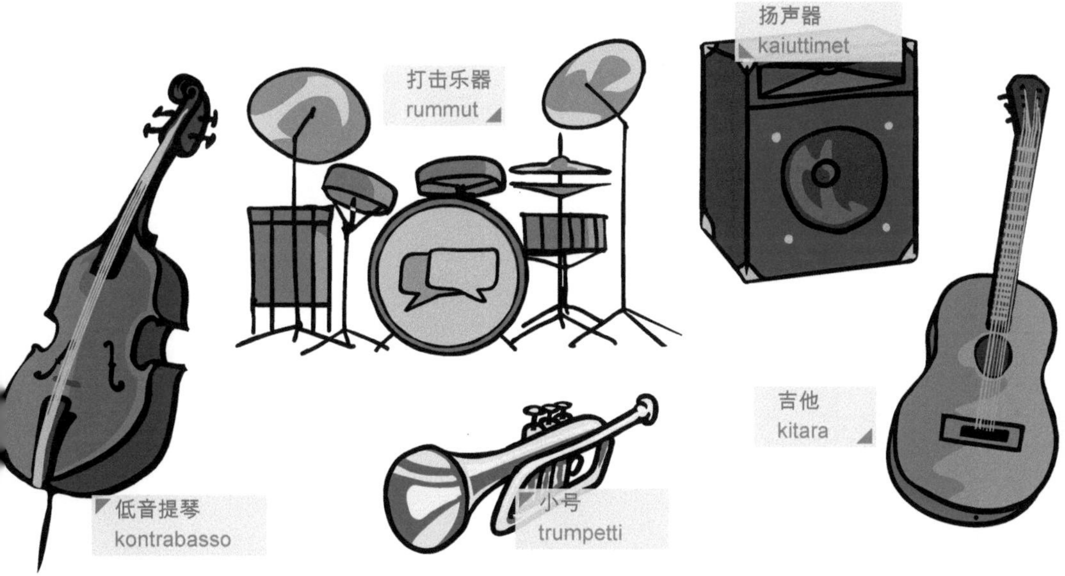
扬声器
kaiuttimet
打击乐器
rummut
低音提琴
kontrabasso
小号
trumpetti
吉他
kitara

钢琴

piano

小提琴

viulu

贝斯

basso

定音鼓

patarummut

鼓

rumpu

电子琴

kosketinsoitin

萨克斯管

saksofoni

长笛

huilu

麦克风

mikrofoni

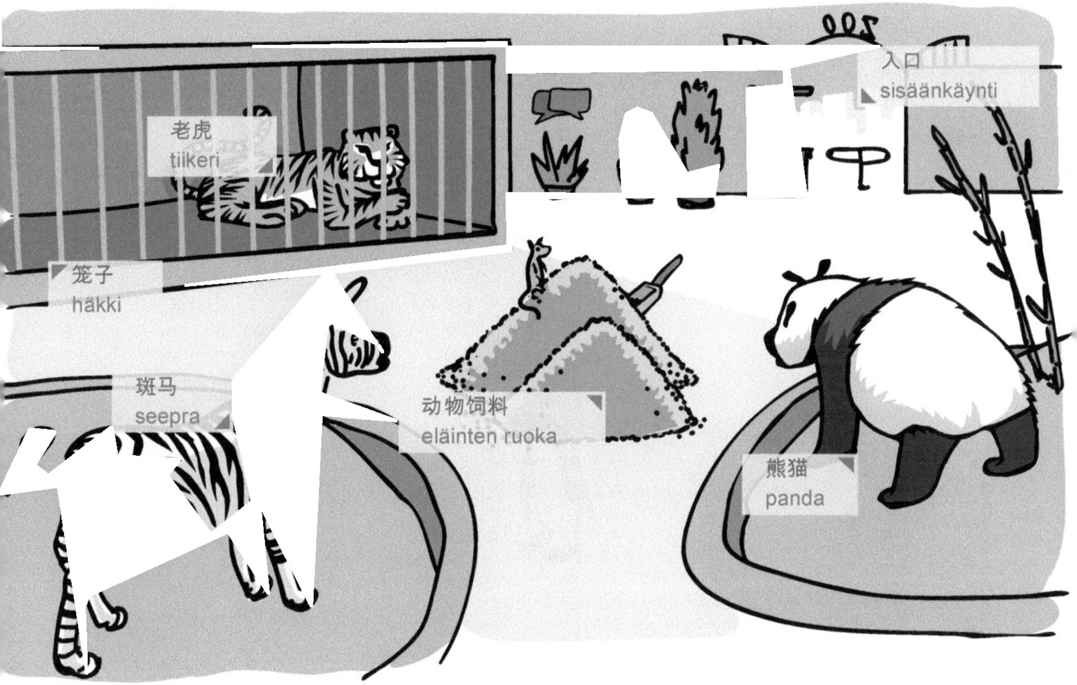

老虎
tiikeri

入口
sisäänkäynti

笼子
häkki

斑马
seepra

动物饲料
eläinten ruoka

熊猫
panda

动物
eläimet

大象
norsu

袋鼠
kenguru

犀牛
sarvikuono

大猩猩
gorilla

熊
karhu

骆驼

kameli

鸵鸟

strutsi

狮子

leijona

猴子

apina

火烈鸟

flamingo

鹦鹉

papukaija

北极熊

jääkarhu

企鹅

pingviini

鲨鱼

hai

孔雀

riikinkukko

蛇

käärme

鳄鱼

krokotiili

动物园管理员

eläintarhanhoitaja

海豹

hylje

美洲豹

jaguaari

矮种马

poni

豹

leopardi

河马

virtahepo

长颈鹿

kirahvi

老鹰

kotka

野猪

villisika

鱼

kala

龟

kilpikonna

海象

mursu

狐狸

kettu

羚羊

gaselli

橄榄球
amerikkalainen jalkapallo

骑自行车
pyöräily

网球
tennis

篮球
koripallo

游泳
uinti

拳击
nyrkkeily

冰球
jääkiekko

英式足球
jalkapallo

羽毛球
sulkapallo

田径
yleisurheilu

手球
käsipallo

滑雪
hiihto

马球
poolo

跳
hypätä

笑
nauraa

拥抱
halata

走路
kävellä

唱
laulaa

做梦
unelmoida

祈祷
rukoilla

亲吻
suudella

书写
kirjoittaa

画
piirtää

展示
näyttää

推
painaa

给
antaa

拿
ottaa

有
omistaa

做
tehdä

当
olla

站
seisoa

跑
juosta

拉
vetää

扔
heittää

摔倒
kaatua

躺
maata

等待
odottaa

携带
kantaa

坐
istua

穿衣
pukeutua

睡觉
nukkua

醒来
herätä

看
katsoa

哭
itkeä

抚摸
silittää

梳头
kammata

交谈
puhua

明白
ymmärtää

问
kysyä

听
kuunnella

喝
juoda

吃
syödä

清理
siivota

爱
rakastaa

做饭
keittää

开车
ajaa

飞
lentää

活动 - aktiviteetit

航行

purjehtia

计算

laskea

读

lukea

学习

oppia

工作

työskennellä

结婚

mennä naimisiin

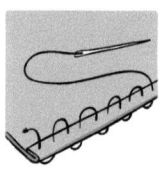

缝

ommella

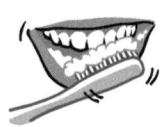

刷牙

pestä hampaat

杀

tappaa

抽烟

tupakoida

寄

lähettää

祖母
mummo

祖父
ukki

父亲
isä

母亲
äiti

婴童
vauva

女儿
tytär

儿子
poika

客人
vieras

阿姨
täti

叔叔
setä

兄弟
veli

姐妹
sisko

vartalo

前额
otsa
眼睛
silmä
肩膀
olkapää
手指
sormet
脸
kasvot
下巴
leuka
手
käsi
腿
jalka
乳房
rinta
手臂
käsivarsi

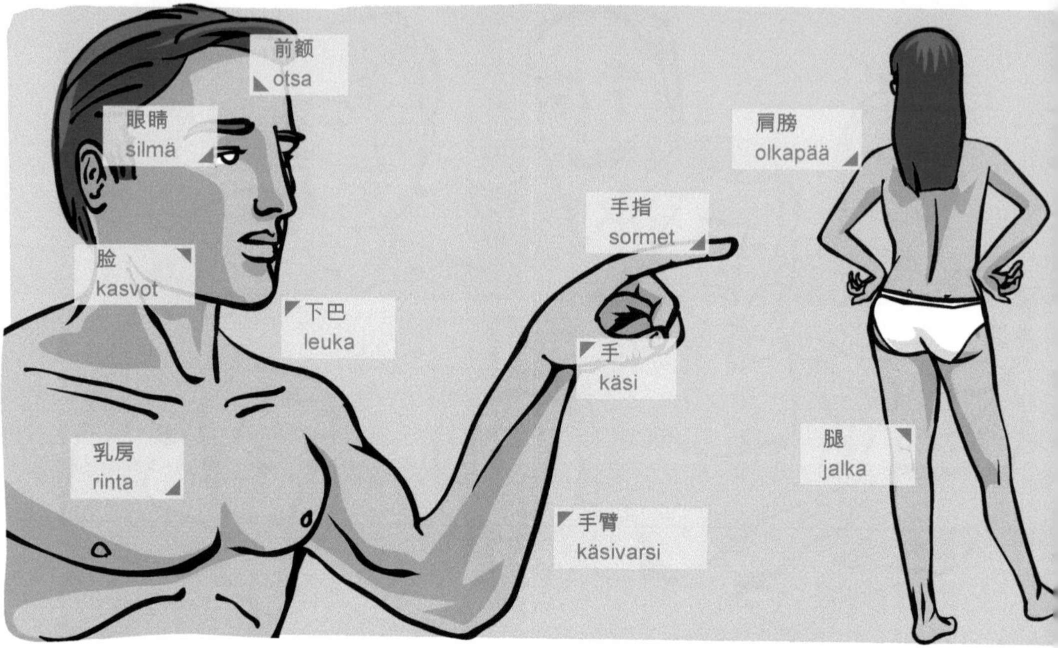

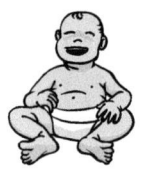

婴童

vauva

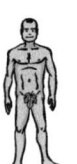

男人

mies

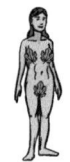

女人

nainen

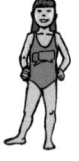

女孩

tyttö

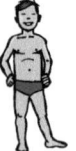

男孩

poika

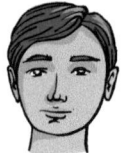

头

pää

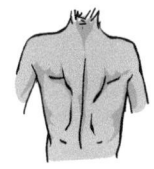

背部

selkä

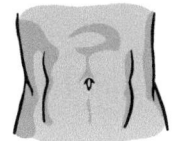

肚子

maha

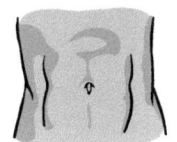

肚脐

napa

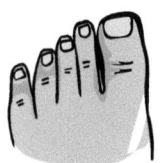

脚趾

varvas

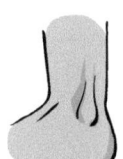

脚后跟

kantapää

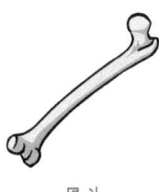

骨头

luu

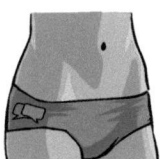

臀部

lantio

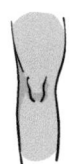

膝盖

polvi

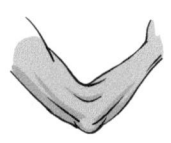

手肘

kyynärpää

鼻子

nenä

屁股

takapuoli

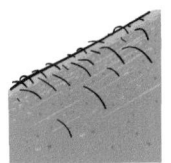

皮肤

iho

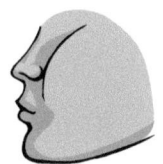

脸颊

poski

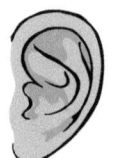

耳朵

korva

嘴唇

huuli

身体 - vartalo

嘴
suu

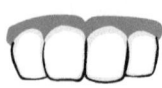

牙齿
hammas

舌头
kieli

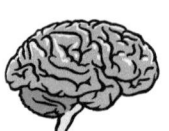

脑
aivot

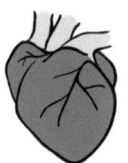

心脏
sydän

肌肉
lihas

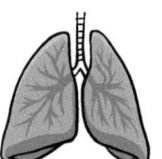

肺
keuhkot

肝脏
maksa

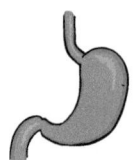

胃
vatsa

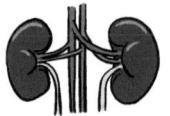

肾脏
munuaiset

性交
seksi

避孕套
kondomi

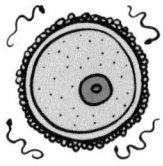

卵子
munasolu

精子
sperma

怀孕
raskaus

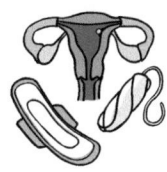

月经

kuukautiset

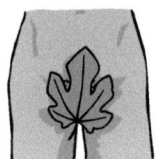

阴道

vagina

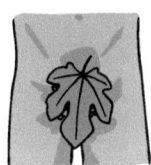

阴茎

penis

眉毛

kulmakarvat

头发

hiukset

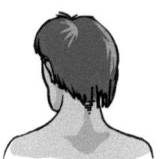

脖子

niska

医院
sairaala

骨折
murtuma

医生
lääkäri

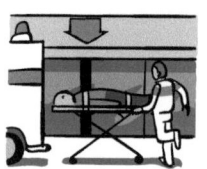

急诊室
ensiapu

护士
sairaanhoitaja

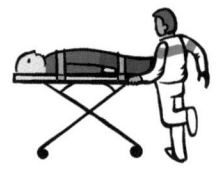

紧急情况
hätätilanne

昏迷
tajuton

痛
kipu

受伤

vamma

出血

verenvuoto

心脏病发作

sydänkohtaus

中风

aivoinfarkti

过敏

allergia

咳嗽

yskä

发烧

kuume

流感

flunssa

腹泻

ripuli

头痛

päänsärky

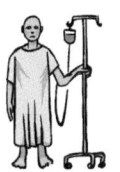

癌症

syöpä

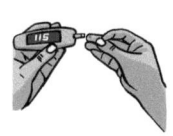

糖尿病

diabetes

外科医生

kirurgi

手术刀

veitsi

手术

leikkaus

CT

ct

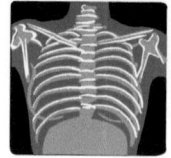

X光

röntgen

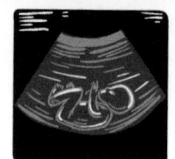

超声波

ultraääni

口罩

maski

疾病

sairaus

候诊室

odotushuone

拐杖

sauva

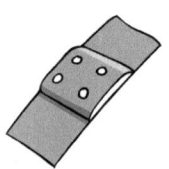

石膏

laastari

绷带

side

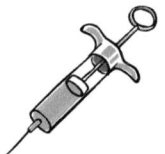

注射

pistos

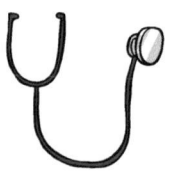

听诊器

stetoskooppi

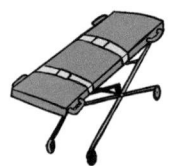

担架

paarit

体温计

kuumemittari

出生

syntymä

超重

ylipaino

助听器

kuulolaite

消毒液

desinfiointiaine

感染

infektio

病毒

virus

艾滋病

HIV / AIDS

药物

lääke

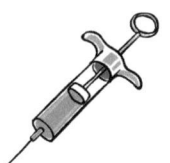

接种疫苗

rokotus

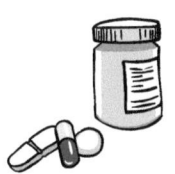

药片

tabletit

药丸

pilleri

急救电话

hätäpuhelu

血压计

verenpainemittari

生病/健康

sairas / terve

救命！
Apua!

警报
hälytys

突击
ryöstö

攻击
hyökkäys

危险
vaara

紧急出口
hätäuloskäynti

着火啦！
Tulipalo!

灭火器
palosammutin

意外
onnettomuus

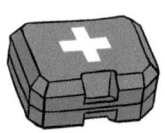

急救箱
ensiapulaukku

呼救信号
SOS

警察
poliisilaitos

欧洲

Eurooppa

北美洲

Pohjois-Amerikka

南美洲

Etelä-Amerikka

非洲

Afrikka

亚洲

Aasia

澳洲

Australia

大西洋

Atlantin valtameri

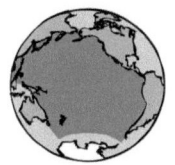

太平洋

Tyynimeri

印度洋

Intian valtameri

南冰洋

Eteläinen jäämeri

北冰洋

Pohjoinen jäämeri

北极

pohjoisnapa

地球 - maa

南极
....
etelänapa

南极洲
....
Antarktis

地球
....
maa

陆地
....
maa

海
....
meri

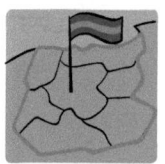

岛
....
saari

国家
....
kansa

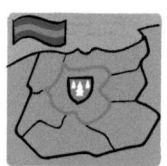

国家
....
osavaltio

钟面

kellotaulu

时针

tuntiviisari

分针

minuuttiviisari

秒针

sekuntiviisari

现在几点？

Paljonko kello on?

天

päivä

时间

aika

现在

nyt

电子表

digitaalikello

分

minuutti

时

tunti

viikko

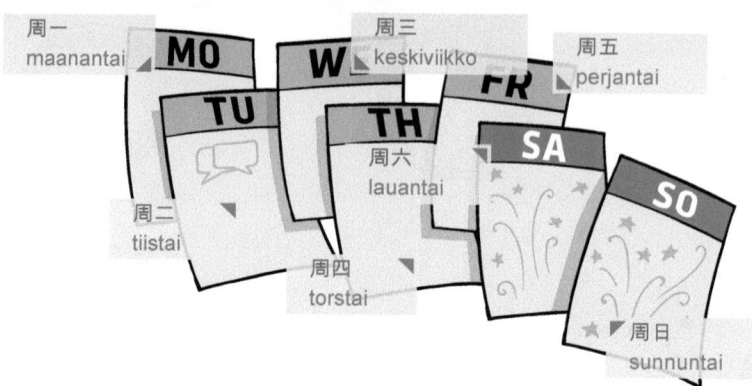

周一 maanantai
周二 tiistai
周三 keskiviikko
周四 torstai
周五 perjantai
周六 lauantai
周日 sunnuntai

昨天
....
eilen

今天
....
tänään

明天
....
huomenna

早晨
....
aamu

中午
....
keskipäivä

晚上
....
ilta

MO	TU	WE	TH	FR	SA	SU
1	2	3	4	5	6	7
8	9	10	11	12	13	14
15	16	17	18	19	20	21
22	23	24	25	26	27	28
29	30	31	1	2	3	4

工作日
....
työpäivät

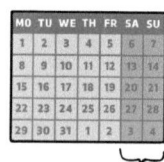

周末
....
viikonloppu

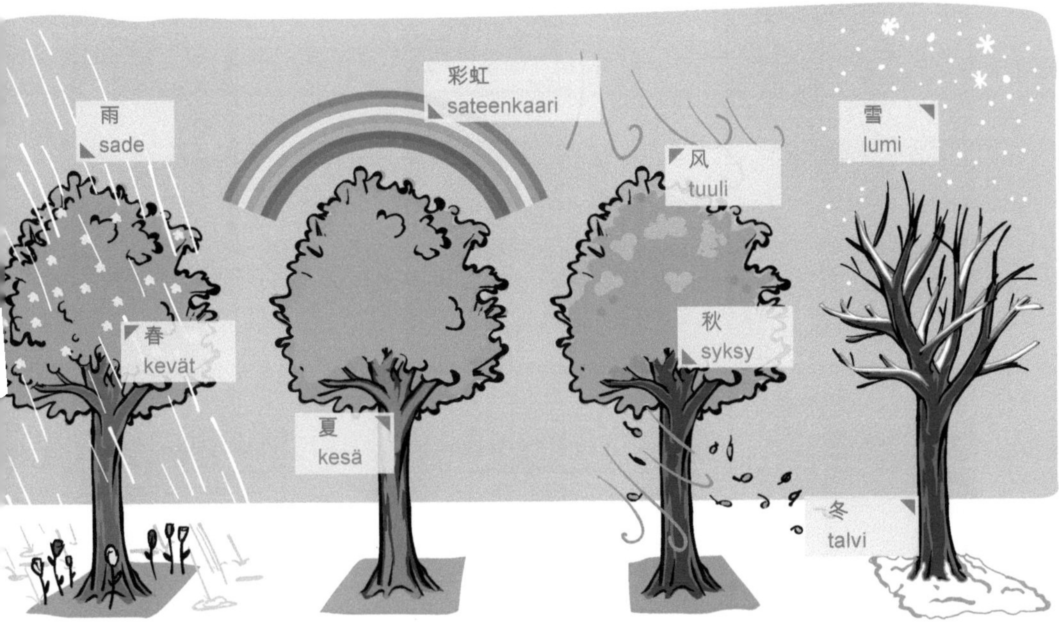

雨
sade

彩虹
sateenkaari

雪
lumi

风
tuuli

春
kevät

秋
syksy

夏
kesä

冬
talvi

天气预报
sääennuste

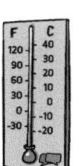

温度计
lämpömittari

阳光
auringonpaiste

云
pilvi

雾
sumu

潮湿
ilmankosteus

闪电

salama

打雷

ukkonen

风暴

myrsky

冰雹

rae

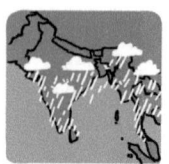

季风

monsuuni

洪水

tulva

冰

jää

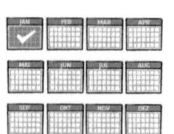

一月

tammikuu

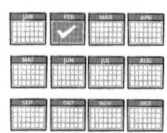

二月

helmikuu

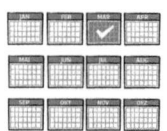

三月

maaliskuu

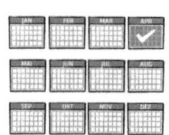

四月

huhtikuu

五月

toukokuu

六月

kesäkuu

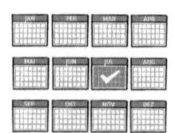

七月

heinäkuu

八月

elokuu

年 - vuosi

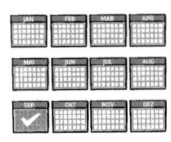

九月
syyskuu

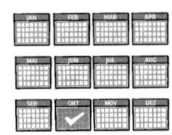

十月
lokakuu

十一月
marraskuu

十二月
joulukuu

圆形
ympyrä

正方形
neliö

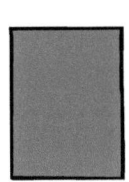

长方形
suorakulmio

三角形
kolmio

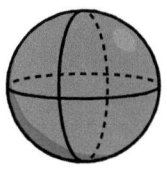

球体
pallo

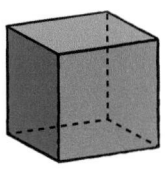

立方体
kuutio

形状 - muodot

白
valkoinen

黄
keltainen

橙
oranssi

粉
vaaleanpunainen

红
punainen

紫
violetti

蓝
sininen

绿
vihreä

棕
ruskea

灰
harmaa

黑
musta

很多/少许

paljon / vähän

生气/平静

vihainen / ystävällinen

美/丑

kaunis / ruma

首/尾

alku / loppu

大/小

suuri / pieni

明/暗

vaalea / tumma

兄弟/姐妹

veli / sisko

干净/肮脏

puhdas / likainen

完整/缺失

täydellinen / epätäydellinen

白天/晚上

päivä / yö

死/生

kuollut / elävä

宽/窄

leveä / kapea

可食用/非食用

syötävä / syömäkelvoton

邪恶/善良

paha / kiltti

兴奋/无聊

innostunut / tylsistynyt

胖/瘦

lihava / laiha

第一/最后

ensimmäinen / viimeinen

朋友/敌人

ystävä / vihollinen

满/空

täysi / tyhjä

硬/软

kova / pehmeä

重/轻

painava / kevyt

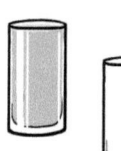

饿/渴

nälkä / jano

生病/健康

sairas / terve

非法/合法

laiton / laillinen

聪明/愚笨

älykäs / tyhmä

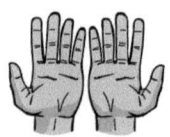

左/右

vasen / oikea

近/远

lähellä / kaukana

新/旧

uusi / käytetty

没有/有些

ei mitään / jotain

老/幼

vanha / nuori

开/关

päällä / pois päältä

打开/合上

auki / kiinni

安静/吵闹

hiljainen / äänekäs

富/穷

rikas / köyhä

对/错

oikein / väärin

粗糙/光滑

karhea / sileä

伤心/高兴

surullinen / iloinen

短/长

lyhyt / pitkä

慢/快

hidas / nopea

湿/干

märkä / kuiva

温暖/凉爽

lämmin / viileä

战争/和平

sota / rauha

反义词 - vastakohdat

0

零
nolla

1

一
yksi

2

二
kaksi

3

三
kolme

4

四
neljä

5

五
viisi

6

六
kuusi

7

七
seitsemän

8

八
kahdeksan

9

九
yhdeksän

10

十
kymmenen

11

十一
yksitoista

12
十二
kaksitoista

13
十三
kolmetoista

14
十四
neljätoista

15
十五
viisitoista

16
十六
kuusitoista

17
十七
seitsemäntoista

18
十八
kahdeksantoista

19
十九
yhdeksäntoista

20
二十
kaksikymmentä

100
百
sata

1.000
千
tuhat

1.000.000
百万
miljoona

数字 - numerot

英语

englanti

美式英语

amerikanenglanti

普通话

mandariinikiina

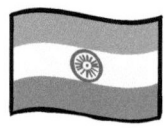

印地语

hindi

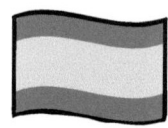

西班牙语

espanja

法语

ranska

阿拉伯语

arabia

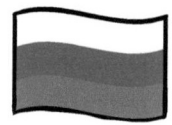

俄语

venäjä

葡萄牙语

portugali

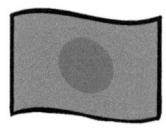

孟加拉语

bengali

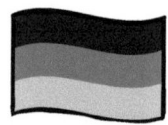

德语

saksa

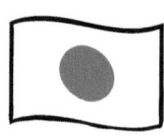

日语

japani

我

minä

你

sinä

他/她/它

hän

我们

me

你们

te

他们

he

谁？

kuka?

什么？

mitä / mikä?

怎样？

miten?

哪里？

missä?

什么时候？

milloin?

名字

nimi

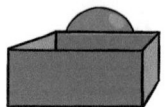

后面

takana

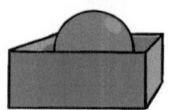

里面

sisällä

前面

edessä

上方

yläpuolella

上面

päällä

下面

alapuolella

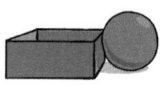

旁边

vieressä

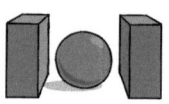

中间

välissä

地点

paikka